TRANZLATY

La Langue est pour tout le Monde

Taal is voor iedereen

La Belle et la Bête

Belle en het Beest

Gabrielle-Suzanne Barbot de Villeneuve

Français / Nederlands

Copyright © 2025 Tranzlaty
All rights reserved
Published by Tranzlaty
ISBN: 978-1-80572-042-3
Original text by Gabrielle-Suzanne Barbot de Villeneuve
La Belle et la Bête
First published in French in 1740
Taken from The Blue Fairy Book (Andrew Lang)
Illustration by Walter Crane
www.tranzlaty.com

Il était une fois un riche marchand
Er was eens een rijke koopman
ce riche marchand avait six enfants
deze rijke koopman had zes kinderen
il avait trois fils et trois filles
hij had drie zonen en drie dochters
il n'a épargné aucun coût pour leur éducation
hij spaarde geen kosten voor hun opleiding
parce qu'il était un homme sensé
omdat hij een verstandig man was
mais il a donné à ses enfants de nombreux serviteurs
maar hij gaf zijn kinderen veel dienaren
ses filles étaient extrêmement jolies
zijn dochters waren buitengewoon mooi
et sa plus jeune fille était particulièrement jolie
en zijn jongste dochter was bijzonder knap
Déjà enfant, sa beauté était admirée
als kind werd haar schoonheid al bewonderd
et les gens l'appelaient à cause de sa beauté
en de mensen noemden haar vanwege haar schoonheid
sa beauté ne s'est pas estompée avec l'âge
haar schoonheid vervaagde niet naarmate ze ouder werd
alors les gens ont continué à l'appeler par sa beauté
dus de mensen bleven haar om haar schoonheid noemen
cela a rendu ses sœurs très jalouses
dit maakte haar zussen erg jaloers
les deux filles aînées avaient beaucoup de fierté
de twee oudste dochters waren erg trots
leur richesse était la source de leur fierté
hun rijkdom was de bron van hun trots
et ils n'ont pas caché leur fierté non plus
en ze verborgen hun trots ook niet
ils n'ont pas rendu visite aux filles d'autres marchands
ze bezochten de dochters van andere kooplieden niet
parce qu'ils ne rencontrent que l'aristocratie
omdat ze alleen aristocratie ontmoeten

ils sortaient tous les jours pour faire la fête
ze gingen elke dag naar feestjes
bals, pièces de théâtre, concerts, etc.
bals, toneelstukken, concerten, enzovoort
et ils se moquèrent de leur plus jeune sœur
en ze lachten om hun jongste zusje
parce qu'elle passait la plupart de son temps à lire
omdat ze het grootste deel van haar tijd doorbracht met lezen
il était bien connu qu'ils étaient riches
het was algemeen bekend dat ze rijk waren
alors plusieurs marchands éminents ont demandé leur main
dus vroegen verschillende vooraanstaande kooplieden om hun hand
mais ils ont dit qu'ils n'allaient pas se marier
maar ze zeiden dat ze niet zouden trouwen
mais ils étaient prêts à faire quelques exceptions
maar ze waren bereid om enkele uitzonderingen te maken
« Peut-être que je pourrais épouser un duc »
"misschien kan ik met een hertog trouwen"
« Je suppose que je pourrais épouser un comte »
"Ik denk dat ik met een graaf zou kunnen trouwen"
Belle a remercié très civilement ceux qui lui ont proposé
schoonheid bedankte heel beleefd degenen die haar een aanzoek deden
elle leur a dit qu'elle était encore trop jeune pour se marier
Ze vertelde hen dat ze nog te jong was om te trouwen
elle voulait rester quelques années de plus avec son père
ze wilde nog een paar jaar bij haar vader blijven
Tout d'un coup, le marchand a perdu sa fortune
Opeens verloor de koopman zijn fortuin
il a tout perdu sauf une petite maison de campagne
hij verloor alles behalve een klein landhuis
et il dit à ses enfants, les larmes aux yeux :
en hij vertelde zijn kinderen met tranen in zijn ogen:
« il faut aller à la campagne »
"we moeten naar het platteland"

« et nous devons travailler pour gagner notre vie »
"en wij moeten werken voor ons levensonderhoud"
les deux filles aînées ne voulaient pas quitter la ville
de twee oudste dochters wilden de stad niet verlaten
ils avaient plusieurs amants dans la ville
ze hadden meerdere geliefden in de stad
et ils étaient sûrs que l'un de leurs amants les épouserait
en ze waren er zeker van dat een van hun geliefden met hen zou trouwen
ils pensaient que leurs amants les épouseraient même sans fortune
ze dachten dat hun geliefden met hen zouden trouwen, zelfs als ze geen fortuin hadden
mais les bonnes dames se sont trompées
maar de goede dames hadden het mis
leurs amants les ont abandonnés très vite
hun geliefden verlieten hen heel snel
parce qu'ils n'avaient plus de fortune
omdat ze geen fortuin meer hadden
cela a montré qu'ils n'étaient pas vraiment appréciés
dit toonde aan dat ze niet echt geliefd waren
tout le monde a dit qu'ils ne méritaient pas d'être plaints
Iedereen zei dat ze het niet verdienden om medelijden te krijgen
« **Nous sommes heureux de voir leur fierté humiliée** »
"We zijn blij dat hun trots is geschaad"
« **Qu'ils soient fiers de traire les vaches** »
"Laat ze trots zijn op het melken van koeien"
mais ils étaient préoccupés par Belle
maar ze waren bezorgd om schoonheid
elle était une créature si douce
ze was zo'n lief wezentje
elle parlait si gentiment aux pauvres
ze sprak zo vriendelijk tot arme mensen
et elle était d'une nature si innocente
en ze was van zo'n onschuldig karakter

Plusieurs messieurs l'auraient épousée
Meerdere heren zouden met haar getrouwd zijn
ils l'auraient épousée même si elle était pauvre
ze zouden met haar getrouwd zijn, ook al was ze arm
mais elle leur a dit qu'elle ne pouvait pas les épouser
maar ze vertelde hen dat ze niet met hen kon trouwen
parce qu'elle ne voulait pas quitter son père
omdat ze haar vader niet wilde verlaten
elle était déterminée à l'accompagner à la campagne
ze was vastbesloten om met hem mee te gaan naar het platteland
afin qu'elle puisse le réconforter et l'aider
zodat ze hem kon troosten en helpen
pauvre Belle était très affligée au début
De arme schoonheid was in het begin erg bedroefd
elle était attristée par la perte de sa fortune
ze was bedroefd door het verlies van haar fortuin
"Mais pleurer ne changera pas mon destin"
"maar huilen zal mijn lot niet veranderen"
« Je dois essayer de me rendre heureux sans richesse »
"Ik moet proberen mezelf gelukkig te maken zonder rijkdom"
ils sont venus dans leur maison de campagne
ze kwamen naar hun landhuis
et le marchand et ses trois fils s'appliquèrent à l'agriculture
en de koopman en zijn drie zonen legden zich toe op de landbouw
Belle s'est levée à quatre heures du matin
schoonheid steeg om vier uur 's ochtends
et elle s'est dépêchée de nettoyer la maison
en ze haastte zich om het huis schoon te maken
et elle s'est assurée que le dîner était prêt
en ze zorgde ervoor dat het avondeten klaar was
au début, elle a trouvé sa nouvelle vie très difficile
in het begin vond ze haar nieuwe leven erg moeilijk
parce qu'elle n'était pas habituée à un tel travail
omdat ze niet gewend was aan dergelijk werk

mais en moins de deux mois elle est devenue plus forte
maar in minder dan twee maanden werd ze sterker
et elle était en meilleure santé que jamais auparavant
en ze was gezonder dan ooit tevoren
après avoir fait son travail, elle a lu
nadat ze haar werk had gedaan, las ze
elle jouait du clavecin
ze speelde op het klavecimbel
ou elle chantait en filant de la soie
of ze zong terwijl ze zijde spon
au contraire, ses deux sœurs ne savaient pas comment passer leur temps
integendeel, haar twee zussen wisten niet hoe ze hun tijd moesten besteden
ils se sont levés à dix heures et n'ont rien fait d'autre que paresser toute la journée
ze stonden om tien uur op en deden de hele dag niets anders dan luieren
ils ont déploré la perte de leurs beaux vêtements
ze betreurden het verlies van hun mooie kleren
et ils se sont plaints d'avoir perdu leurs connaissances
en ze klaagden over het verlies van hun kennissen
« Regardez notre plus jeune sœur », se dirent-ils.
"Kijk eens naar onze jongste zus," zeiden ze tegen elkaar
"Quelle pauvre et stupide créature elle est"
"wat een arm en dom wezen is ze"
"C'est mesquin de se contenter de si peu"
"het is gemeen om tevreden te zijn met zo weinig"
le gentil marchand était d'un avis tout à fait différent
de vriendelijke koopman was van een heel andere mening
il savait très bien que Belle éclipsait ses sœurs
hij wist heel goed dat schoonheid haar zussen overschaduwde
elle les a surpassés en caractère ainsi qu'en esprit
ze overtrof hen in karakter en geest
il admirait son humilité et son travail acharné
hij bewonderde haar nederigheid en haar harde werk

mais il admirait surtout sa patience
maar bovenal bewonderde hij haar geduld
ses sœurs lui ont laissé tout le travail à faire
haar zussen lieten haar al het werk doen
et ils l'insultaient à chaque instant
en ze beledigden haar elk moment
La famille vivait ainsi depuis environ un an.
Het gezin leefde ongeveer een jaar zo
puis le commerçant a reçu une lettre d'un comptable
toen kreeg de handelaar een brief van een accountant
il avait un investissement dans un navire
hij had een investering in een schip
et le navire était arrivé sain et sauf
en het schip was veilig aangekomen
Cette nouvelle a fait tourner les têtes des deux filles aînées
Dit nieuws deed de hoofden van de twee oudste dochters omdraaien
ils ont immédiatement eu l'espoir de revenir en ville
ze hadden meteen hoop om terug te keren naar de stad
parce qu'ils étaient assez fatigués de la vie à la campagne
omdat ze het plattelandsleven behoorlijk beu waren
ils sont allés vers leur père alors qu'il partait
ze gingen naar hun vader toen hij vertrok
ils l'ont supplié de leur acheter de nouveaux vêtements
ze smeekten hem om nieuwe kleren voor hen te kopen
des robes, des rubans et toutes sortes de petites choses
jurken, linten en allerlei kleine dingen
mais Belle n'a rien demandé
maar schoonheid vroeg niets
parce qu'elle pensait que l'argent ne serait pas suffisant
omdat ze dacht dat het geld niet genoeg zou zijn
il n'y aurait pas assez pour acheter tout ce que ses sœurs voulaient
er zou niet genoeg zijn om alles te kopen wat haar zussen wilden
"Que veux-tu, ma belle ?" demanda son père

"Wat wil je, schoonheid?" vroeg haar vader
« Merci, père, pour la bonté de penser à moi », dit-elle
"Dank u, vader, voor de goedheid om aan mij te denken," zei ze
« Père, ayez la gentillesse de m'apporter une rose »
"Vader, wees zo vriendelijk om mij een roos te brengen"
"parce qu'aucune rose ne pousse ici dans le jardin"
"omdat hier in de tuin geen rozen groeien"
"et les roses sont une sorte de rareté"
"en rozen zijn een soort zeldzaamheid"
Belle ne se souciait pas vraiment des roses
schoonheid gaf niet echt om rozen
elle a juste demandé quelque chose pour ne pas condamner ses sœurs
ze vroeg alleen om iets om haar zussen niet te veroordelen
mais ses sœurs pensaient qu'elle avait demandé des roses pour d'autres raisons
maar haar zussen dachten dat ze om andere redenen om rozen had gevraagd
"Elle l'a fait juste pour avoir l'air particulière"
"Ze deed het alleen maar om er bijzonder uit te zien"
L'homme gentil est parti en voyage
De vriendelijke man ging op reis
mais quand il est arrivé, ils se sont disputés à propos de la marchandise
maar toen hij aankwam, kregen ze ruzie over de koopwaar
et après beaucoup d'ennuis, il est revenu aussi pauvre qu'avant
en na veel moeite kwam hij terug, even arm als voorheen
il était à quelques heures de sa propre maison
hij was binnen een paar uur bij zijn eigen huis
et il imaginait déjà la joie de revoir ses enfants
en hij stelde zich al de vreugde voor om zijn kinderen te zien
mais en traversant la forêt, il s'est perdu
maar toen hij door het bos liep, raakte hij verdwaald
il a plu et neigé terriblement

het regende en sneeuwde verschrikkelijk
le vent était si fort qu'il l'a fait tomber de son cheval
de wind was zo sterk dat hij van zijn paard werd geslingerd
et la nuit arrivait rapidement
en de nacht kwam snel
il a commencé à penser qu'il pourrait mourir de faim
hij begon te denken dat hij zou kunnen verhongeren
et il pensait qu'il pourrait mourir de froid
en hij dacht dat hij dood zou vriezen
et il pensait que les loups pourraient le manger
en hij dacht dat wolven hem zouden opeten
les loups qu'il entendait hurler tout autour de lui
de wolven die hij om zich heen hoorde huilen
mais tout à coup il a vu une lumière
maar plotseling zag hij een licht
il a vu la lumière au loin à travers les arbres
hij zag het licht op afstand door de bomen
quand il s'est approché, il a vu que la lumière était un palais
toen hij dichterbij kwam zag hij dat het licht een paleis was
le palais était illuminé de haut en bas
het paleis was van boven tot onder verlicht
le marchand a remercié Dieu pour sa chance
de koopman dankte God voor zijn geluk
et il se précipita vers le palais
en hij haastte zich naar het paleis
mais il fut surpris de ne voir personne dans le palais
maar hij was verrast dat er geen mensen in het paleis waren
la cour était complètement vide
de binnenplaats was helemaal leeg
et il n'y avait aucun signe de vie nulle part
en er was nergens een teken van leven
son cheval le suivit dans le palais
zijn paard volgde hem het paleis in
et puis son cheval a trouvé une grande écurie
en toen vond zijn paard een grote stal
le pauvre animal était presque affamé

het arme dier was bijna uitgehongerd
alors son cheval est allé chercher du foin et de l'avoine
dus zijn paard ging op zoek naar hooi en haver
Heureusement, il a trouvé beaucoup à manger
gelukkig vond hij genoeg te eten
et le marchand attacha son cheval à la mangeoire
en de koopman bond zijn paard vast aan de kribbe
En marchant vers la maison, il n'a vu personne
toen hij naar het huis liep, zag hij niemand
mais dans une grande salle il trouva un bon feu
maar in een grote hal vond hij een goed vuur
et il a trouvé une table dressée pour une personne
en hij vond een tafel gedekt voor één
il était mouillé par la pluie et la neige
hij was nat van de regen en sneeuw
alors il s'est approché du feu pour se sécher
dus ging hij naar het vuur om zichzelf te drogen
« J'espère que le maître de maison m'excusera »
"Ik hoop dat de heer des huizes mij wil verontschuldigen"
« Je suppose qu'il ne faudra pas longtemps pour que quelqu'un apparaisse »
"Ik denk dat het niet lang zal duren voordat er iemand verschijnt"
Il a attendu un temps considérable
Hij wachtte een aanzienlijke tijd
il a attendu jusqu'à ce que onze heures sonnent, et toujours personne n'est venu
hij wachtte tot het elf uur was, en nog steeds kwam er niemand
enfin, il avait tellement faim qu'il ne pouvait plus attendre
uiteindelijk had hij zo'n honger dat hij niet langer kon wachten
il a pris du poulet et l'a mangé en deux bouchées
hij nam wat kip en at het in twee happen op
il tremblait en mangeant la nourriture
hij beefde terwijl hij het eten at
après cela, il a bu quelques verres de vin

daarna dronk hij een paar glazen wijn
devenant plus courageux, il sortit du hall
steeds moediger wordend ging hij de hal uit
et il traversa plusieurs grandes salles
en hij liep door verschillende grote hallen
il a traversé le palais jusqu'à ce qu'il arrive dans une chambre
hij liep door het paleis totdat hij in een kamer kwam
une chambre qui contenait un très bon lit
een kamer waarin een buitengewoon goed bed stond
il était très fatigué par son épreuve
hij was erg vermoeid van zijn beproeving
et il était déjà minuit passé
en het was al middernacht
alors il a décidé qu'il était préférable de fermer la porte
dus besloot hij dat het het beste was om de deur te sluiten
et il a conclu qu'il devrait aller se coucher
en hij besloot dat hij naar bed moest gaan
Il était dix heures du matin lorsque le marchand s'est réveillé
Het was tien uur 's ochtends toen de koopman wakker werd
au moment où il allait se lever, il vit quelque chose
net toen hij op het punt stond op te staan zag hij iets
il a été étonné de voir un ensemble de vêtements propres
hij was verbaasd een schone set kleren te zien
à l'endroit où il avait laissé ses vêtements sales
op de plaats waar hij zijn vuile kleren had achtergelaten
"ce palais appartient certainement à une sorte de fée"
"Dit paleis is zeker van een soort fee"
" une fée qui m'a vu et qui a eu pitié de moi"
" een fee die mij zag en medelijden met mij had"
il a regardé à travers une fenêtre
hij keek door een raam
mais au lieu de neige, il vit le jardin le plus charmant
maar in plaats van sneeuw zag hij de meest verrukkelijke tuin
et dans le jardin il y avait les plus belles roses

en in de tuin stonden de mooiste rozen
il est ensuite retourné dans la grande salle
hij keerde toen terug naar de grote hal
la salle où il avait mangé de la soupe la veille
de hal waar hij de avond ervoor soep had gegeten
et il a trouvé du chocolat sur une petite table
en hij vond wat chocolade op een tafeltje
« Merci, bonne Madame la Fée », dit-il à voix haute.
"Dank u wel, goede mevrouw Fee," zei hij hardop
"Merci d'être si attentionné"
"bedankt dat je zo zorgzaam bent"
« Je vous suis extrêmement reconnaissant pour toutes vos faveurs »
"Ik ben u zeer erkentelijk voor al uw gunsten"
l'homme gentil a bu son chocolat
de vriendelijke man dronk zijn chocolade
et puis il est allé chercher son cheval
en toen ging hij op zoek naar zijn paard
mais dans le jardin il se souvint de la demande de Belle
maar in de tuin herinnerde hij zich het verzoek van de schoonheid
et il coupa une branche de roses
en hij sneed een tak rozen af
immédiatement il entendit un grand bruit
onmiddellijk hoorde hij een groot lawaai
et il vit une bête terriblement effrayante
en hij zag een vreselijk angstaanjagend beest
il était tellement effrayé qu'il était sur le point de s'évanouir
hij was zo bang dat hij bijna flauwviel
« Tu es bien ingrat », lui dit la bête.
"Je bent erg ondankbaar," zei het beest tegen hem
et la bête parla d'une voix terrible
en het beest sprak met een vreselijke stem
« Je t'ai sauvé la vie en te laissant entrer dans mon château »
"Ik heb je leven gered door je in mijn kasteel toe te laten"
"et pour ça tu me voles mes roses en retour ?"

"En daarvoor steel jij mijn rozen?"
« Les roses que j'apprécie plus que tout »
"De rozen die ik boven alles waardeer"
"**mais tu mourras pour ce que tu as fait**"
"maar je zult sterven voor wat je hebt gedaan"
« Je ne vous donne qu'un quart d'heure pour vous préparer »
"Ik geef je maar een kwartier om je voor te bereiden"
« Préparez-vous à la mort et dites vos prières »
"maak je klaar voor de dood en bid"
le marchand tomba à genoux
de koopman viel op zijn knieën
et il leva ses deux mains
en hij hief beide handen op
« Monseigneur, je vous supplie de me pardonner »
"Mijn heer, ik smeek u mij te vergeven"
« Je n'avais aucune intention de t'offenser »
"Ik had niet de bedoeling je te beledigen"
« J'ai cueilli une rose pour une de mes filles »
"Ik plukte een roos voor een van mijn dochters"
"elle m'a demandé de lui apporter une rose"
"Ze vroeg me om haar een roos te brengen"
« Je ne suis pas ton seigneur, mais je suis une bête »,
répondit le monstre
"Ik ben niet uw heer, maar ik ben een beest," antwoordde het monster
« Je n'aime pas les compliments »
"Ik hou niet van complimenten"
« J'aime les gens qui parlent comme ils pensent »
"Ik hou van mensen die spreken zoals ze denken"
« N'imaginez pas que je puisse être ému par la flatterie »
"denk niet dat ik ontroerd kan worden door vleierij"
« Mais tu dis que tu as des filles »
"Maar je zegt dat je dochters hebt"
"Je te pardonnerai à une condition"
"Ik zal je vergeven op één voorwaarde"
« L'une de vos filles doit venir volontairement à mon palais

»
"Een van uw dochters moet vrijwillig naar mijn paleis komen"
"et elle doit souffrir pour toi"
"en zij moet voor jou lijden"
« Donne-moi ta parole »
"Laat mij uw woord hebben"
"et ensuite tu pourras vaquer à tes occupations"
"en dan kun je je gang gaan"
« Promets-moi ceci : »
"Beloof me dit:"
"Si votre fille refuse de mourir pour vous, vous devez revenir dans les trois mois"
"Als uw dochter weigert voor u te sterven, moet u binnen drie maanden terugkeren"
le marchand n'avait aucune intention de sacrifier ses filles
de koopman had niet de intentie om zijn dochters te offeren
mais, comme on lui en donnait le temps, il voulait revoir ses filles une fois de plus
maar omdat hij de tijd had gekregen, wilde hij zijn dochters nog een keer zien
alors il a promis qu'il reviendrait
dus beloofde hij dat hij terug zou komen
et la bête lui dit qu'il pouvait partir quand il le voudrait
en het beest vertelde hem dat hij mocht vertrekken wanneer hij wilde
et la bête lui dit encore une chose
en het beest vertelde hem nog één ding
« **Tu ne partiras pas les mains vides** »
"Je zult niet met lege handen vertrekken"
« **retourne dans la pièce où tu étais allongé** »
"Ga terug naar de kamer waar je ligt"
« **vous verrez un grand coffre au trésor vide** »
"je zult een grote lege schatkist zien"
« **Remplissez le coffre aux trésors avec ce que vous préférez** »
"vul de schatkist met wat je het leukst vindt"

"et j'enverrai le coffre au trésor chez toi"
"en ik zal de schatkist naar je huis sturen"
et en même temps la bête s'est retirée
en tegelijkertijd trok het beest zich terug
« Eh bien, » se dit le bon homme
"Nou," zei de goede man tegen zichzelf
« Si je dois mourir, je laisserai au moins quelque chose à mes enfants »
"Als ik moet sterven, laat ik tenminste iets na aan mijn kinderen"
alors il retourna dans la chambre à coucher
dus keerde hij terug naar de slaapkamer
et il a trouvé une grande quantité de pièces d'or
en hij vond een groot aantal goudstukken
il a rempli le coffre au trésor que la bête avait mentionné
hij vulde de schatkist waar het beest het over had
et il sortit son cheval de l'écurie
en hij haalde zijn paard uit de stal
la joie qu'il ressentait en entrant dans le palais était désormais égale à la douleur qu'il ressentait en le quittant
de vreugde die hij voelde toen hij het paleis binnenkwam, was nu gelijk aan het verdriet dat hij voelde toen hij het verliet
le cheval a pris un des chemins de la forêt
het paard nam een van de wegen van het bos
et quelques heures plus tard, le bon homme était à la maison
en binnen een paar uur was de goede man thuis
ses enfants sont venus à lui
zijn kinderen kwamen naar hem toe
mais au lieu de recevoir leurs étreintes avec plaisir, il les regardait
maar in plaats van hun omhelzingen met genoegen te ontvangen, keek hij naar hen
il brandit la branche qu'il tenait dans ses mains
hij hield de tak omhoog die hij in zijn handen had
et puis il a fondu en larmes
en toen barstte hij in tranen uit

« Belle », dit-il, « s'il te plaît, prends ces roses »
"Schoonheid", zei hij, "neem alsjeblieft deze rozen"
"Vous ne pouvez pas savoir à quel point ces roses ont été chères"
"Je kunt niet weten hoe kostbaar deze rozen zijn geweest"
"Ces roses ont coûté la vie à ton père"
"Deze rozen hebben je vader het leven gekost"
et puis il raconta sa fatale aventure
en toen vertelde hij over zijn noodlottige avontuur
immédiatement les deux sœurs aînées crièrent
onmiddellijk riepen de twee oudste zussen
et ils ont dit beaucoup de choses méchantes à leur belle sœur
en ze zeiden veel gemene dingen tegen hun mooie zus
mais Belle n'a pas pleuré du tout
maar schoonheid huilde helemaal niet
« Regardez l'orgueil de ce petit misérable », dirent-ils.
"Kijk eens naar de trots van dat kleine schurkje," zeiden ze
"elle n'a pas demandé de beaux vêtements"
"Ze vroeg niet om mooie kleren"
"Elle aurait dû faire ce que nous avons fait"
"Ze had moeten doen wat wij deden"
"elle voulait se distinguer"
"Ze wilde zich onderscheiden"
"alors maintenant elle sera la mort de notre père"
"dus nu zal zij de dood van onze vader zijn"
"et pourtant elle ne verse pas une larme"
"en toch laat ze geen traan"
"Pourquoi devrais-je pleurer ?" répondit Belle
"Waarom zou ik huilen?" antwoordde de schoonheid
« pleurer serait très inutile »
"huilen zou heel erg overbodig zijn"
« Mon père ne souffrira pas pour moi »
"mijn vader zal niet voor mij lijden"
"le monstre acceptera une de ses filles"
"het monster zal een van zijn dochters accepteren"
« Je m'offrirai à toute sa fureur »

"Ik zal mij overgeven aan al zijn woede"
« Je suis très heureux, car ma mort sauvera la vie de mon père »
"Ik ben heel blij, want mijn dood zal het leven van mijn vader redden"
"ma mort sera une preuve de mon amour"
"Mijn dood zal een bewijs zijn van mijn liefde"
« Non, ma sœur », dirent ses trois frères
"Nee, zus," zeiden haar drie broers
"cela ne sera pas"
"dat zal niet zijn"
"nous allons chercher le monstre"
"We gaan het monster zoeken"
"et soit on le tue..."
"en of we zullen hem doden..."
« ... ou nous périrons dans cette tentative »
"...of we zullen bij de poging ten onder gaan"
« N'imaginez rien de tel, mes fils », dit le marchand.
"Stel je zoiets niet voor, mijn zonen," zei de koopman
"La puissance de la bête est si grande que je n'ai aucun espoir que tu puisses la vaincre"
"de kracht van het beest is zo groot dat ik geen hoop heb dat je hem kunt overwinnen"
« Je suis charmé par l'offre aimable et généreuse de Belle »
"Ik ben betoverd door het vriendelijke en genereuze aanbod van schoonheid"
"mais je ne peux pas accepter sa générosité"
"maar ik kan haar vrijgevigheid niet accepteren"
« Je suis vieux et je n'ai plus beaucoup de temps à vivre »
"Ik ben oud en ik heb niet lang meer te leven"
"Je ne peux donc perdre que quelques années"
"dus ik kan maar een paar jaar verliezen"
"un temps que je regrette pour vous, mes chers enfants"
"tijd die ik voor jullie betreur, mijn lieve kinderen"
« Mais père », dit Belle
"Maar vader," zei de schoonheid

"tu n'iras pas au palais sans moi"
"Je zult niet zonder mij naar het paleis gaan"
"tu ne peux pas m'empêcher de te suivre"
"Je kunt me niet tegenhouden om je te volgen"
rien ne pourrait convaincre Belle autrement
niets kon schoonheid anders overtuigen
elle a insisté pour aller au beau palais
Ze stond erop om naar het mooie paleis te gaan
et ses sœurs étaient ravies de son insistance
en haar zussen waren verheugd over haar aandringen
Le marchand était inquiet à l'idée de perdre sa fille
De koopman maakte zich zorgen bij de gedachte zijn dochter te verliezen
il était tellement inquiet qu'il avait oublié le coffre rempli d'or
hij was zo bezorgd dat hij de kist vol goud was vergeten
la nuit, il se retirait pour se reposer et fermait la porte de sa chambre
's Nachts ging hij slapen en deed de deur van zijn kamer dicht
puis, à sa grande surprise, il trouva le trésor à côté de son lit
toen vond hij tot zijn grote verbazing de schat naast zijn bed
il était déterminé à ne rien dire à ses enfants
hij was vastbesloten om het zijn kinderen niet te vertellen
s'ils savaient, ils auraient voulu retourner en ville
als ze het hadden geweten, hadden ze terug naar de stad gewild
et il était résolu à ne pas quitter la campagne
en hij was vastbesloten het platteland niet te verlaten
mais il confia le secret à Belle
maar hij vertrouwde schoonheid het geheim toe
elle l'informa que deux messieurs étaient venus
Ze vertelde hem dat er twee heren waren gekomen
et ils ont fait des propositions à ses sœurs
en ze deden voorstellen aan haar zussen
elle a supplié son père de consentir à leur mariage
Ze smeekte haar vader om toestemming te geven voor hun

huwelijk
et elle lui a demandé de leur donner une partie de sa fortune
en ze vroeg hem om hen een deel van zijn fortuin te geven
elle leur avait déjà pardonné
ze had hen al vergeven
les méchantes créatures se frottaient les yeux avec des oignons
de boze wezens wreven hun ogen uit met uien
pour forcer quelques larmes quand ils se sont séparés de leur sœur
om wat tranen te forceren toen ze afscheid namen van hun zus
mais ses frères étaient vraiment inquiets
maar haar broers waren echt bezorgd
Belle était la seule à ne pas verser de larmes
schoonheid was de enige die geen tranen vergoot
elle ne voulait pas augmenter leur malaise
ze wilde hun ongemak niet vergroten
le cheval a pris la route directe vers le palais
het paard nam de directe weg naar het paleis
et vers le soir ils virent le palais illuminé
en tegen de avond zagen ze het verlichte paleis
le cheval est rentré à l'écurie
het paard ging weer de stal in
et le bon homme et sa fille entrèrent dans la grande salle
en de goede man en zijn dochter gingen de grote hal binnen
ici ils ont trouvé une table magnifiquement dressée
hier vonden ze een prachtig gedekte tafel
le marchand n'avait pas d'appétit pour manger
de koopman had geen trek in eten
mais Belle s'efforçait de paraître joyeuse
maar schoonheid probeerde vrolijk te lijken
elle s'est assise à table et a aidé son père
Ze ging aan tafel zitten en hielp haar vader
mais elle pensait aussi :
maar ze dacht ook bij zichzelf:
"La bête veut sûrement m'engraisser avant de me manger"

"Het beest wil me zeker eerst vetmesten voordat hij me opeet"
"c'est pourquoi il offre autant de divertissement"
"daarom zorgt hij voor zoveel vermaak"
après avoir mangé, ils entendirent un grand bruit
nadat ze gegeten hadden hoorden ze een groot lawaai
et le marchand fit ses adieux à son malheureux enfant, les larmes aux yeux
en de koopman nam afscheid van zijn ongelukkige kind, met tranen in zijn ogen
parce qu'il savait que la bête allait venir
omdat hij wist dat het beest zou komen
Belle était terrifiée par sa forme horrible
schoonheid was doodsbang voor zijn afschuwelijke vorm
mais elle a pris courage du mieux qu'elle a pu
maar ze verzamelde moed zo goed als ze kon
et le monstre lui a demandé si elle était venue volontairement
en het monster vroeg haar of ze vrijwillig kwam
"Oui, je suis venue volontiers", dit-elle en tremblant
"Ja, ik ben vrijwillig gekomen," zei ze bevend
la bête répondit : « Tu es très bon »
Het beest antwoordde: "Je bent heel goed"
"et je vous suis très reconnaissant, honnête homme"
"en ik ben u zeer verplicht; eerlijk man"
« Allez-y demain matin »
"ga morgenvroeg je weg"
"mais ne pense plus jamais à revenir ici"
"maar denk er nooit meer aan om hierheen te komen"
« Adieu Belle, adieu bête », répondit-il
"Vaarwel schoonheid, vaarwel beest," antwoordde hij
et immédiatement le monstre s'est retiré
en onmiddellijk trok het monster zich terug
« Oh, ma fille », dit le marchand
"Oh, dochter," zei de koopman
et il embrassa sa fille une fois de plus
en hij omhelsde zijn dochter nogmaals

« Je suis presque mort de peur »
"Ik ben bijna doodsbang"
"crois-moi, tu ferais mieux de rentrer"
"Geloof me, je kunt beter teruggaan"
"Laisse-moi rester ici, à ta place"
"Laat mij hier blijven, in plaats van jij"
« Non, père », dit Belle d'un ton résolu.
"Nee, vader," zei de schoonheid op een vastberaden toon
"tu partiras demain matin"
"morgenvroeg vertrek je"
« Laissez-moi aux soins et à la protection de la Providence »
"Laat mij over aan de zorg en bescherming van de voorzienigheid"
néanmoins ils sont allés se coucher
toch gingen ze naar bed
ils pensaient qu'ils ne fermeraient pas les yeux de la nuit
ze dachten dat ze hun ogen de hele nacht niet zouden sluiten
mais juste au moment où ils se couchaient, ils s'endormirent
maar zodra ze gingen liggen, sliepen ze
La belle rêva qu'une belle dame venait et lui disait :
schoonheid droomde dat een mooie dame naar haar toe kwam en tegen haar zei:
« Je suis content, Belle, de ta bonne volonté »
"Ik ben tevreden, schoonheid, met jouw goede wil"
« Cette bonne action de votre part ne restera pas sans récompense »
"Deze goede daad van u zal niet onbeloond blijven"
Belle s'est réveillée et a raconté son rêve à son père
schoonheid werd wakker en vertelde haar vader haar droom
le rêve l'a aidé à se réconforter un peu
de droom hielp hem een beetje troost te bieden
mais il ne pouvait s'empêcher de pleurer amèrement en partant
maar hij kon het niet helpen bitter te huilen toen hij vertrok
Dès qu'il fut parti, Belle s'assit dans la grande salle et pleura aussi

Zodra hij weg was, ging de schoonheid in de grote hal zitten en huilde ook
mais elle résolut de ne pas s'inquiéter
maar ze besloot zich niet ongerust te maken
elle a décidé d'être forte pour le peu de temps qui lui restait à vivre
ze besloot sterk te zijn voor de korte tijd die ze nog had om te leven
parce qu'elle croyait fermement que la bête la mangerait
omdat ze er vast van overtuigd was dat het beest haar zou opeten
Cependant, elle pensait qu'elle pourrait aussi bien explorer le palais
ze dacht echter dat ze net zo goed het paleis kon verkennen
et elle voulait voir le beau château
en ze wilde het mooie kasteel bekijken
un château qu'elle ne pouvait s'empêcher d'admirer
een kasteel dat ze niet kon laten te bewonderen
c'était un palais délicieusement agréable
het was een heerlijk aangenaam paleis
et elle fut extrêmement surprise de voir une porte
en ze was zeer verrast toen ze een deur zag
et sur la porte il était écrit que c'était sa chambre
en boven de deur stond geschreven dat het haar kamer was
elle a ouvert la porte à la hâte
ze deed haastig de deur open
et elle était tout à fait éblouie par la magnificence de la pièce
en ze was volkomen verblind door de pracht van de kamer
ce qui a principalement retenu son attention était une grande bibliothèque
wat haar aandacht vooral in beslag nam was een grote bibliotheek
un clavecin et plusieurs livres de musique
een klavecimbel en verschillende muziekboeken
« Eh bien, » se dit-elle
"Nou," zei ze tegen zichzelf

« Je vois que la bête ne laissera pas mon temps peser sur moi »
"Ik zie dat het beest mijn tijd niet zwaar zal laten duren"
puis elle réfléchit à sa situation
toen dacht ze na over haar situatie
« Si je devais rester un jour, tout cela ne serait pas là »
"Als ik een dag had moeten blijven, zou dit hier allemaal niet zijn"
cette considération lui inspira un courage nouveau
Deze overweging gaf haar nieuwe moed
et elle a pris un livre de sa nouvelle bibliothèque
en ze pakte een boek uit haar nieuwe bibliotheek
et elle lut ces mots en lettres d'or :
en ze las deze woorden in gouden letters:
« **Accueillez Belle, bannissez la peur** »
"Welkom schoonheid, verban angst"
« **Vous êtes reine et maîtresse ici** »
"Jij bent hier koningin en meesteres"
« **Exprimez vos souhaits, exprimez votre volonté** »
"Spreek uw wensen uit, spreek uw wil uit"
« **L'obéissance rapide répond ici à vos souhaits** »
"Hier voldoet snelle gehoorzaamheid aan uw wensen"
« **Hélas, dit-elle avec un soupir**
"Helaas," zei ze met een zucht
« Ce que je souhaite par-dessus tout, c'est revoir mon pauvre père. »
"Het allerliefst wil ik mijn arme vader zien"
"et j'aimerais savoir ce qu'il fait"
"en ik zou graag willen weten wat hij doet"
Dès qu'elle eut dit cela, elle remarqua le miroir
Zodra ze dit had gezegd, zag ze de spiegel
à sa grande surprise, elle vit sa propre maison dans le miroir
tot haar grote verbazing zag ze haar eigen huis in de spiegel
son père est arrivé émotionnellement épuisé
haar vader kwam emotioneel uitgeput aan
ses sœurs sont allées à sa rencontre

haar zussen gingen hem tegemoet
malgré leurs tentatives de paraître tristes, leur joie était visible
ondanks hun pogingen om er verdrietig uit te zien, was hun vreugde zichtbaar
un instant plus tard, tout a disparu
een moment later was alles verdwenen
et les appréhensions de Belle ont également disparu
en de angst voor schoonheid verdween ook
car elle savait qu'elle pouvait faire confiance à la bête
want ze wist dat ze het beest kon vertrouwen
À midi, elle trouva le dîner prêt
's Middags vond ze het avondeten klaar
elle s'est assise à la table
ze ging aan tafel zitten
et elle a été divertie avec un concert de musique
en ze werd vermaakt met een muziekconcert
même si elle ne pouvait voir personne
hoewel ze niemand kon zien
le soir, elle s'est à nouveau assise pour dîner
's avonds ging ze weer aan tafel voor het avondeten
cette fois elle entendit le bruit que faisait la bête
deze keer hoorde ze het geluid dat het beest maakte
et elle ne pouvait s'empêcher d'être terrifiée
en ze kon het niet helpen dat ze doodsbang was
"Belle", dit le monstre
"schoonheid," zei het monster
"est-ce que tu me permets de manger avec toi ?"
"Mag ik met je mee eten?"
« Fais comme tu veux », répondit Belle en tremblant
"Doe wat je wilt," antwoordde de schoonheid bevend
"Non", répondit la bête
"Nee," antwoordde het beest
"tu es seule la maîtresse ici"
"jij bent hier alleen meesteres"
"tu peux me renvoyer si je suis gênant"

"Je kunt me wegsturen als ik lastig ben"
« renvoyez-moi et je me retirerai immédiatement »
"stuur mij weg en ik zal mij onmiddellijk terugtrekken"
« Mais dis-moi, ne me trouves-tu pas très laide ? »
"Maar vertel eens, vind je mij niet heel lelijk?"
"C'est vrai", dit Belle
"Dat is waar", zei de schoonheid
« Je ne peux pas mentir »
"Ik kan niet liegen"
"mais je crois que tu es de très bonne nature"
"maar ik geloof dat je een heel goed karakter hebt"
« Je le suis en effet », dit le monstre
"Dat ben ik inderdaad," zei het monster
« Mais à part ma laideur, je n'ai pas non plus de bon sens »
"Maar afgezien van mijn lelijkheid heb ik ook geen verstand"
« Je sais très bien que je suis une créature stupide »
"Ik weet heel goed dat ik een dwaas wezen ben"
« Ce n'est pas un signe de folie de penser ainsi », répondit Belle.
"Het is geen teken van dwaasheid om dat te denken," antwoordde de schoonheid
« Mange donc, belle », dit le monstre
"Eet dan, schoonheid," zei het monster
« essaie de t'amuser dans ton palais »
"probeer jezelf te vermaken in je paleis"
"tout ici est à toi"
"alles hier is van jou"
"et je serais très mal à l'aise si tu n'étais pas heureux"
"en ik zou me erg ongemakkelijk voelen als je niet gelukkig was"
« Vous êtes très obligeant », répondit Belle
"Je bent erg behulpzaam," antwoordde de schoonheid
« J'avoue que je suis heureux de votre gentillesse »
"Ik geef toe dat ik blij ben met uw vriendelijkheid"
« et quand je considère votre gentillesse, je remarque à peine vos difformités »

"en als ik uw vriendelijkheid overweeg, merk ik uw misvormingen nauwelijks op"
« Oui, oui, dit la bête, mon cœur est bon.
"Ja, ja," zei het beest, "mijn hart is goed
"mais même si je suis bon, je suis toujours un monstre"
"maar hoewel ik goed ben, ben ik nog steeds een monster"
« Il y a beaucoup d'hommes qui méritent ce nom plus que toi »
"Er zijn veel mannen die die naam meer verdienen dan jij"
"et je te préfère tel que tu es"
"en ik geef de voorkeur aan jou zoals je bent"
"et je te préfère à ceux qui cachent un cœur ingrat"
"en ik geef de voorkeur aan jou boven hen die een ondankbaar hart verbergen"
"Si seulement j'avais un peu de bon sens", répondit la bête
"Als ik maar een beetje verstand had," antwoordde het beest
"Si j'avais du bon sens, je vous ferais un beau compliment pour vous remercier"
"Als ik verstand had, zou ik je een mooi compliment geven om je te bedanken"
"mais je suis si ennuyeux"
"maar ik ben zo saai"
« Je peux seulement dire que je vous suis très reconnaissant »
"Ik kan alleen maar zeggen dat ik u zeer verplicht ben"
Belle a mangé un copieux souper
schoonheid at een stevig avondmaal
et elle avait presque vaincu sa peur du monstre
en ze had haar angst voor het monster bijna overwonnen
mais elle a voulu s'évanouir lorsque la bête lui a posé la question suivante
maar ze wilde flauwvallen toen het beest haar de volgende vraag stelde
"Belle, veux-tu être ma femme ?"
"Schoonheid, wil jij mijn vrouw worden?"
elle a mis du temps avant de pouvoir répondre

het duurde even voordat ze kon antwoorden
parce qu'elle avait peur de le mettre en colère
omdat ze bang was hem boos te maken
Mais finalement elle dit "non, bête"
uiteindelijk zei ze echter: "nee, beest"
immédiatement le pauvre monstre siffla très effroyablement
onmiddellijk siste het arme monster heel angstaanjagend
et tout le palais résonna
en het hele paleis echode
mais Belle se remit bientôt de sa frayeur
maar de schoonheid herstelde zich al snel van haar angst
parce que la bête parla encore d'une voix lugubre
omdat het beest opnieuw met een treurige stem sprak
"Alors adieu, Belle"
"dan vaarwel, schoonheid"
et il ne se retournait que de temps en temps
en hij keerde zich slechts af en toe om
de la regarder alors qu'il sortait
om naar haar te kijken toen hij naar buiten ging
maintenant Belle était à nouveau seule
nu was schoonheid weer alleen
elle ressentait beaucoup de compassion
ze voelde veel medeleven
"Hélas, c'est mille fois dommage"
"Helaas, het is duizendmaal jammer"
"tout ce qui est si bon ne devrait pas être si laid"
"Alles wat zo goedaardig is, zou niet zo lelijk moeten zijn"
Belle a passé trois mois très heureuse dans le palais
schoonheid bracht drie maanden zeer tevreden door in het paleis
chaque soir la bête lui rendait visite
elke avond kwam het beest haar bezoeken
et ils ont parlé pendant le dîner
en ze spraken tijdens het avondeten
ils ont parlé avec bon sens
ze spraken met gezond verstand

mais ils ne parlaient pas avec ce que les gens appellent de l'esprit
maar ze spraken niet met wat mensen geestigheid noemen
Belle a toujours découvert un caractère précieux dans la bête
schoonheid ontdekte altijd een waardevol karakter in het beest
et elle s'était habituée à sa difformité
en ze was gewend geraakt aan zijn misvorming
elle ne redoutait plus le moment de sa visite
Ze vreesde de tijd van zijn bezoek niet meer
maintenant elle regardait souvent sa montre
nu keek ze vaak op haar horloge
et elle ne pouvait pas attendre qu'il soit neuf heures
en ze kon niet wachten tot het negen uur was
car la bête ne manquait jamais de venir à cette heure-là
omdat het beest nooit naliet om op dat uur te komen
il n'y avait qu'une seule chose qui concernait Belle
er was maar één ding dat met schoonheid te maken had
chaque soir avant d'aller au lit, la bête lui posait la même question
elke avond voordat ze naar bed ging, stelde het beest haar dezelfde vraag
le monstre lui a demandé si elle voulait être sa femme
het monster vroeg haar of ze zijn vrouw wilde worden
un jour elle lui dit : "bête, tu me mets très mal à l'aise"
Op een dag zei ze tegen hem: "Beest, je maakt me erg ongerust"
« J'aimerais pouvoir consentir à t'épouser »
"Ik wou dat ik met je kon trouwen"
"mais je suis trop sincère pour te faire croire que je t'épouserais"
"maar ik ben te oprecht om je te laten geloven dat ik met je zou trouwen"
"Notre mariage n'aura jamais lieu"
"Ons huwelijk zal nooit plaatsvinden"
« Je te verrai toujours comme un ami »
"Ik zal je altijd als een vriend zien"

"S'il vous plaît, essayez d'être satisfait de cela"
"probeer hier maar tevreden mee te zijn"
« Je dois me contenter de cela », dit la bête
"Ik moet hier tevreden mee zijn," zei het beest
« Je connais mon propre malheur »
"Ik ken mijn eigen ongeluk"
"mais je t'aime avec la plus tendre affection"
"maar ik hou van je met de tederste genegenheid"
« Cependant, je devrais me considérer comme heureux »
"Ik moet mezelf echter als gelukkig beschouwen"
"et je serais heureux que tu restes ici"
"en ik zou blij zijn dat je hier blijft"
"promets-moi de ne jamais me quitter"
"beloof me dat je me nooit zult verlaten"
Belle rougit à ces mots
schoonheid bloosde bij deze woorden
Un jour, Belle se regardait dans son miroir
op een dag keek de schoonheid in haar spiegel
son père s'était inquiété à mort pour elle
haar vader had zich ziekelijk zorgen om haar gemaakt
elle avait plus que jamais envie de le revoir
ze verlangde er meer dan ooit naar om hem weer te zien
« Je pourrais te promettre de ne jamais te quitter complètement »
"Ik zou kunnen beloven dat ik je nooit helemaal zal verlaten"
"mais j'ai tellement envie de voir mon père"
"maar ik heb zo'n groot verlangen om mijn vader te zien"
« Je serais terriblement contrarié si tu disais non »
"Ik zou ontzettend boos zijn als je nee zou zeggen"
« Je préfère mourir moi-même », dit le monstre
"Ik zou liever zelf sterven," zei het monster
« Je préférerais mourir plutôt que de te mettre mal à l'aise »
"Ik zou liever sterven dan dat ik je een ongemakkelijk gevoel geef"
« Je t'enverrai vers ton père »
"Ik zal je naar je vader sturen"

"tu resteras avec lui"
"jij zult bij hem blijven"
"et cette malheureuse bête mourra de chagrin à la place"
"en dit ongelukkige beest zal in plaats daarvan sterven van verdriet"
« Non », dit Belle en pleurant
"Nee," zei de schoonheid, huilend
"Je t'aime trop pour être la cause de ta mort"
"Ik hou te veel van je om de oorzaak van je dood te zijn"
"Je te promets de revenir dans une semaine"
"Ik beloof je dat ik over een week terugkom"
« Tu m'as montré que mes sœurs sont mariées »
"Je hebt mij laten zien dat mijn zussen getrouwd zijn"
« et mes frères sont partis à l'armée »
"en mijn broers zijn naar het leger gegaan"
« laisse-moi rester une semaine avec mon père, car il est seul »
"Laat mij een week bij mijn vader blijven, want hij is alleen"
« Tu seras là demain matin », dit la bête
"Je zult er morgenvroeg zijn," zei het beest
"mais souviens-toi de ta promesse"
"maar denk aan uw belofte"
« Il vous suffit de poser votre bague sur une table avant d'aller vous coucher »
"Je hoeft je ring alleen maar op tafel te leggen voordat je naar bed gaat"
"et alors tu seras ramené avant le matin"
"en dan word je voor de ochtend teruggebracht"
« Adieu chère Belle », soupira la bête
"Vaarwel lieve schoonheid," zuchtte het beest
Belle s'est couchée très triste cette nuit-là
schoonheid ging die nacht heel verdrietig naar bed
parce qu'elle ne voulait pas voir la bête si inquiète
omdat ze het beest niet zo bezorgd wilde zien
le lendemain matin, elle se retrouva chez son père
de volgende ochtend bevond ze zich bij haar vader thuis

elle a sonné une petite cloche à côté de son lit
Ze luidde een belletje naast haar bed
et la servante poussa un grand cri
en het meisje gaf een luide gil
et son père a couru à l'étage
en haar vader rende naar boven
il pensait qu'il allait mourir de joie
hij dacht dat hij met vreugde zou sterven
il l'a tenue dans ses bras pendant un quart d'heure
hij hield haar een kwartier lang in zijn armen
Finalement, les premières salutations étaient terminées
uiteindelijk waren de eerste begroetingen voorbij
Belle a commencé à penser à sortir du lit
schoonheid begon eraan te denken om uit bed te komen
mais elle s'est rendu compte qu'elle n'avait apporté aucun vêtement
maar ze realiseerde zich dat ze geen kleren had meegenomen
mais la servante lui a dit qu'elle avait trouvé une boîte
maar de meid vertelde haar dat ze een doos had gevonden
le grand coffre était plein de robes et de robes
de grote koffer zat vol met jurken en jurken
chaque robe était couverte d'or et de diamants
elke jurk was bedekt met goud en diamanten
La Belle a remercié la Bête pour ses bons soins
schoonheid bedankte beest voor zijn vriendelijke zorg
et elle a pris l'une des robes les plus simples
en ze nam een van de meest eenvoudige jurken
elle avait l'intention de donner les autres robes à ses sœurs
Ze was van plan de andere jurken aan haar zussen te geven
mais à cette pensée le coffre de vêtements disparut
maar bij die gedachte verdween de klerenkast
la bête avait insisté sur le fait que les vêtements étaient pour elle seulement
het beest had volgehouden dat de kleren alleen voor haar waren
son père lui a dit que c'était le cas

haar vader vertelde haar dat dit het geval was
et aussitôt le coffre de vêtements est revenu
en onmiddellijk kwam de koffer met kleren weer terug
Belle s'est habillée avec ses nouveaux vêtements
schoonheid kleedde zichzelf met haar nieuwe kleren
et pendant ce temps les servantes allèrent chercher ses sœurs
en intussen gingen de meiden op zoek naar haar zusters
ses deux sœurs étaient avec leurs maris
haar beide zussen waren bij hun echtgenoten
mais ses deux sœurs étaient très malheureuses
maar haar beide zussen waren erg ongelukkig
sa sœur aînée avait épousé un très beau gentleman
haar oudste zus was getrouwd met een zeer knappe heer
mais il était tellement amoureux de lui-même qu'il négligeait sa femme
maar hij was zo dol op zichzelf dat hij zijn vrouw verwaarloosde
sa deuxième sœur avait épousé un homme spirituel
haar tweede zus was getrouwd met een geestige man
mais il a utilisé son esprit pour tourmenter les gens
maar hij gebruikte zijn gevatheid om mensen te kwellen
et il tourmentait surtout sa femme
en hij kwelde zijn vrouw het meest van allemaal
Les sœurs de Belle l'ont vue habillée comme une princesse
De zussen van de schoonheid zagen haar gekleed als een prinses
et ils furent écœurés d'envie
en ze waren ziek van jaloezie
maintenant elle était plus belle que jamais
nu was ze mooier dan ooit
son comportement affectueux n'a pas pu étouffer leur jalousie
haar liefdevolle gedrag kon hun jaloezie niet onderdrukken
elle leur a dit combien elle était heureuse avec la bête
ze vertelde hen hoe blij ze was met het beest
et leur jalousie était prête à éclater

en hun jaloezie stond op het punt te barsten
Ils descendirent dans le jardin pour pleurer leur malheur
Ze gingen naar de tuin om te huilen over hun ongeluk
« En quoi cette petite créature est-elle meilleure que nous ? »
"Waarin is dit kleine wezentje beter dan wij?"
« Pourquoi devrait-elle être tellement plus heureuse ? »
"Waarom zou ze zoveel gelukkiger moeten zijn?"
« Sœur », dit la sœur aînée
"Zusje," zei de oudere zus
"une pensée vient de me traverser l'esprit"
"Een gedachte schoot me te binnen"
« Essayons de la garder ici plus d'une semaine »
"Laten we proberen haar hier langer dan een week te houden"
"Peut-être que cela fera enrager ce monstre idiot"
"misschien maakt dit het dwaze monster woedend"
« parce qu'elle aurait manqué à sa parole »
"omdat ze haar woord zou hebben gebroken"
"et alors il pourrait la dévorer"
"en dan zou hij haar kunnen verslinden"
"C'est une excellente idée", répondit l'autre sœur
"Dat is een geweldig idee," antwoordde de andere zuster
« Nous devons lui montrer autant de gentillesse que possible »
"we moeten haar zoveel mogelijk vriendelijkheid tonen"
les sœurs en ont fait leur résolution
de zussen maakten dit hun voornemen
et ils se sont comportés très affectueusement envers leur sœur
en ze gedroegen zich heel liefdevol tegenover hun zusje
pauvre Belle pleurait de joie à cause de toute leur gentillesse
arme schoonheid huilde van vreugde vanwege al hun vriendelijkheid
quand la semaine fut expirée, ils pleurèrent et s'arrachèrent les cheveux
toen de week voorbij was, huilden ze en trokken ze hun haar uit

ils semblaient si désolés de se séparer d'elle
ze leken zo verdrietig om afscheid van haar te nemen
et Belle a promis de rester une semaine de plus
en schoonheid beloofde nog een week langer te blijven
Pendant ce temps, Belle ne pouvait s'empêcher de réfléchir sur elle-même
Ondertussen kon de schoonheid het niet laten om over zichzelf na te denken
elle s'inquiétait de ce qu'elle faisait à la pauvre bête
Ze maakte zich zorgen over wat ze het arme beest aandeed
elle sait qu'elle l'aimait sincèrement
ze weet dat ze oprecht van hem houdt
et elle avait vraiment envie de le revoir
en ze verlangde er echt naar om hem weer te zien
la dixième nuit qu'elle a passée chez son père aussi
de tiende nacht bracht ze ook bij haar vader door
elle a rêvé qu'elle était dans le jardin du palais
ze droomde dat ze in de paleistuin was
et elle rêva qu'elle voyait la bête étendue sur l'herbe
en ze droomde dat ze het beest uitgestrekt op het gras zag liggen
il semblait lui faire des reproches d'une voix mourante
hij leek haar met een stervende stem te verwijten
et il l'accusa d'ingratitude
en hij beschuldigde haar van ondankbaarheid
Belle s'est réveillée de son sommeil
schoonheid ontwaakte uit haar slaap
et elle a fondu en larmes
en ze barstte in tranen uit
« Ne suis-je pas très méchant ? »
"Ben ik niet heel slecht?"
« N'était-ce pas cruel de ma part d'agir si méchamment envers la bête ? »
"Was het niet wreed van mij om zo onvriendelijk tegen het beest te handelen?"
"la bête a tout fait pour me faire plaisir"

"beest deed alles om mij te plezieren"
« Est-ce sa faute s'il est si laid ? »
"Is het zijn schuld dat hij zo lelijk is?"
« Est-ce sa faute s'il a si peu d'esprit ? »
"Is het zijn schuld dat hij zo weinig verstand heeft?"
« Il est gentil et bon, et cela suffit »
"Hij is aardig en goed, en dat is voldoende"
« Pourquoi ai-je refusé de l'épouser ? »
"Waarom heb ik geweigerd met hem te trouwen?"
« Je devrais être heureux avec le monstre »
"Ik zou blij moeten zijn met het monster"
« regarde les maris de mes sœurs »
"Kijk naar de echtgenoten van mijn zussen"
« Ni l'esprit, ni la beauté ne les rendent bons »
"noch gevatheid, noch knapheid maakt hen goed"
« aucun de leurs maris ne les rend heureuses »
"geen van hun echtgenoten maakt hen gelukkig"
« mais la vertu, la douceur de caractère et la patience »
"maar deugd, zachtmoedigheid en geduld"
"ces choses rendent une femme heureuse"
"Deze dingen maken een vrouw gelukkig"
"et la bête a toutes ces qualités précieuses"
"en het beest heeft al deze waardevolle kwaliteiten"
"c'est vrai, je ne ressens pas de tendresse et d'affection pour lui"
"Het is waar; ik voel geen tedere genegenheid voor hem"
"mais je trouve que j'éprouve la plus grande gratitude envers lui"
"maar ik vind dat ik hem de grootste dankbaarheid voel"
"et j'ai la plus haute estime pour lui"
"en ik heb de hoogste achting voor hem"
"et il est mon meilleur ami"
"en hij is mijn beste vriend"
« Je ne le rendrai pas malheureux »
"Ik zal hem niet ongelukkig maken"
« Si j'étais si ingrat, je ne me le pardonnerais jamais »

"Als ik zo ondankbaar zou zijn, zou ik mezelf nooit vergeven"
Belle a posé sa bague sur la table
schoonheid legde haar ring op tafel
et elle est retournée au lit
en ze ging weer naar bed
à peine était-elle au lit qu'elle s'endormit
nauwelijks was ze in bed voordat ze in slaap viel
elle s'est réveillée à nouveau le lendemain matin
de volgende ochtend werd ze weer wakker
et elle était ravie de se retrouver dans le palais de la bête
en ze was dolblij dat ze zichzelf in het paleis van het beest bevond
elle a mis une de ses plus belles robes pour lui faire plaisir
Ze trok een van haar mooiste jurken aan om hem te plezieren
et elle attendait patiemment le soir
en ze wachtte geduldig op de avond
enfin l' heure tant souhaitée est arrivée
kwam het gewenste uur
L'horloge a sonné neuf heures, mais aucune bête n'est apparue
de klok sloeg negen, maar er verscheen geen enkel beest
La belle craignit alors d'avoir été la cause de sa mort
schoonheid vreesde toen dat zij de oorzaak van zijn dood was
elle a couru en pleurant dans tout le palais
Ze rende huilend door het hele paleis
après l'avoir cherché partout, elle se souvint de son rêve
nadat ze overal naar hem had gezocht, herinnerde ze zich haar droom
et elle a couru vers le canal dans le jardin
en ze rende naar het kanaal in de tuin
là elle a trouvé la pauvre bête étendue
daar vond ze het arme beest uitgestrekt
et elle était sûre de l'avoir tué
en ze was er zeker van dat ze hem had vermoord
elle se jeta sur lui sans aucune crainte
ze wierp zich zonder enige angst op hem

son cœur battait encore
zijn hart klopte nog steeds
elle est allée chercher de l'eau au canal
ze haalde wat water uit het kanaal
et elle versa l'eau sur sa tête
en ze goot het water over zijn hoofd
la bête ouvrit les yeux et parla à Belle
het beest opende zijn ogen en sprak tot schoonheid
« Tu as oublié ta promesse »
"Je bent je belofte vergeten"
« J'étais tellement navrée de t'avoir perdu »
"Ik was zo verdrietig dat ik je kwijt was"
« J'ai décidé de me laisser mourir de faim »
"Ik besloot mezelf uit te hongeren"
"mais j'ai le bonheur de te revoir une fois de plus"
"maar ik heb het geluk je nog een keer te zien"
"j'ai donc le plaisir de mourir satisfait"
"dus heb ik het genoegen om tevreden te sterven"
« Non, chère bête », dit Belle, « tu ne dois pas mourir »
"Nee, lief beest," zei de schoonheid, "je mag niet sterven"
« Vis pour être mon mari »
"Leef om mijn man te zijn"
"à partir de maintenant je te donne ma main"
"vanaf dit moment geef ik je mijn hand"
"et je jure de n'être que le tien"
"en ik zweer dat ik niemand anders ben dan de jouwe"
« Hélas ! Je pensais n'avoir que de l'amitié pour toi »
"Helaas! Ik dacht dat ik alleen een vriendschap voor je had"
« mais la douleur que je ressens maintenant m'en convainc » ;
"maar het verdriet dat ik nu voel overtuigt mij;"
"Je ne peux pas vivre sans toi"
"Ik kan niet zonder jou leven"
Belle avait à peine prononcé ces mots lorsqu'elle vit une lumière
schoonheid had nauwelijks deze woorden gezegd toen ze een

licht zag
le palais scintillait de lumière
het paleis schitterde van het licht
des feux d'artifice ont illuminé le ciel
vuurwerk verlichtte de lucht
et l'air rempli de musique
en de lucht gevuld met muziek
tout annonçait un grand événement
alles gaf aan dat er een grote gebeurtenis had plaatsgevonden
mais rien ne pouvait retenir son attention
maar niets kon haar aandacht vasthouden
elle s'est tournée vers sa chère bête
ze draaide zich om naar haar lieve beest
la bête pour laquelle elle tremblait de peur
het beest waarvoor ze beefde van angst
mais sa surprise fut grande face à ce qu'elle vit !
maar haar verbazing was groot toen ze zag!
la bête avait disparu
het beest was verdwenen
Au lieu de cela, elle a vu le plus beau prince
in plaats daarvan zag ze de mooiste prins
elle avait mis fin au sort
ze had een einde gemaakt aan de betovering
un sort sous lequel il ressemblait à une bête
een betovering waaronder hij op een beest leek
ce prince était digne de toute son attention
Deze prins was al haar aandacht waard
mais elle ne pouvait s'empêcher de demander où était la bête
maar ze kon het niet laten om te vragen waar het beest was
« Vous le voyez à vos pieds », dit le prince
"Je ziet hem aan je voeten," zei de prins
« Une méchante fée m'avait condamné »
"Een boze fee had mij veroordeeld"
« Je devais rester dans cette forme jusqu'à ce qu'une belle princesse accepte de m'épouser »
"Ik zou in die toestand blijven totdat een mooie prinses met

mij wilde trouwen"
"la fée a caché ma compréhension"
"de fee verborg mijn begrip"
« tu étais le seul assez généreux pour être charmé par la bonté de mon caractère »
"jij was de enige die genereus genoeg was om gecharmeerd te zijn van de goedheid van mijn humeur"
Belle était agréablement surprise
schoonheid was blij verrast
et elle donna sa main au charmant prince
en ze gaf de charmante prins haar hand
ils sont allés ensemble au château
ze gingen samen het kasteel binnen
et Belle fut ravie de retrouver son père au château
en de schoonheid was dolblij haar vader in het kasteel te vinden
et toute sa famille était là aussi
en haar hele familie was er ook
même la belle dame qui lui était apparue dans son rêve était là
zelfs de mooie dame die in haar droom verscheen was er
"Belle", dit la dame du rêve
"schoonheid", zei de dame uit de droom
« viens et reçois ta récompense »
"kom en ontvang je beloning"
« Vous avez préféré la vertu à l'esprit ou à l'apparence »
"Je hebt deugd boven verstand of uiterlijk verkozen"
"et tu mérites quelqu'un chez qui ces qualités sont réunies"
"en jij verdient iemand waarin deze kwaliteiten verenigd zijn"
"tu vas être une grande reine"
"Je gaat een geweldige koningin worden"
« J'espère que le trône ne diminuera pas votre vertu »
"Ik hoop dat de troon uw deugd niet zal verminderen"
puis la fée se tourna vers les deux sœurs
toen wendde de fee zich tot de twee zussen
« J'ai vu à l'intérieur de vos cœurs »

"Ik heb in jullie harten gekeken"
« et je connais toute la méchanceté que contiennent vos cœurs »
"en ik weet hoeveel kwaad jullie harten bevatten"
« Vous deux deviendrez des statues »
"Jullie twee zullen standbeelden worden"
"mais vous garderez votre esprit"
"maar je zult je gedachten bewaren"
« Tu te tiendras aux portes du palais de ta sœur »
"je zult aan de poorten van het paleis van je zuster staan"
"Le bonheur de ta sœur sera ta punition"
"Het geluk van je zus zal jouw straf zijn"
« vous ne pourrez pas revenir à vos anciens états »
"Je zult niet in staat zijn om terug te keren naar je vroegere toestand"
« à moins que vous n'admettiez tous les deux vos fautes »
"tenzij jullie beiden jullie fouten toegeven"
"mais je prévois que vous resterez toujours des statues"
"maar ik voorzie dat jullie altijd standbeelden zullen blijven"
« L'orgueil, la colère, la gourmandise et l'oisiveté sont parfois vaincus »
"trots, woede, vraatzucht en luiheid worden soms overwonnen"
" mais la conversion des esprits envieux et malveillants sont des miracles "
" maar de bekering van afgunstige en kwaadaardige geesten zijn wonderen"
immédiatement la fée donna un coup de baguette
onmiddellijk sloeg de fee met haar toverstaf
et en un instant tous ceux qui étaient dans la salle furent transportés
en in een ogenblik werden allen die zich in de hal bevonden, weggevoerd
ils étaient entrés dans les domaines du prince
ze waren de domeinen van de prins binnengegaan
les sujets du prince l'ont reçu avec joie

de onderdanen van de prins ontvingen hem met vreugde
le prêtre a épousé Belle et la bête
de priester trouwde met Belle en het Beest
et il a vécu avec elle de nombreuses années
en hij leefde vele jaren met haar
et leur bonheur était complet
en hun geluk was compleet
parce que leur bonheur était fondé sur la vertu
omdat hun geluk gebaseerd was op deugd

La fin
Het einde

www.tranzlaty.com

www.ingramcontent.com/pod-product-compliance
Lightning Source LLC
Chambersburg PA
CBHW011553070526
44585CB00023B/2588